# EL DESDICHADO MAGNÍFICO

## (FÁBULA)

# EL DESDICHADO MAGNÍFICO

## HISTORIAS DE MAGNÍFICO
## LE PAUMÉ MAGNIFIQUE

(FÁBULA EN TRES ACTOS)

JUAN HEDO

Editorial Círculo Rojo
www.editorialcirculorojo.com

Primera edición: julio 2014

© Derechos de edición reservados.
Editorial Círculo Rojo.
www.editorialcirculorojo.com
info@editorialcirculorojo.com
Colección *Relatos*

© Juan Hedo Martínez

Edición: Editorial Círculo Rojo
Maquetación: Juan Muñoz Céspedes
Fotografía de cubierta: © Fotolia.es
Diseño de portada: © Antonio López Galdeano

Producido por: Editorial Círculo Rojo.

ISBN: 978-84-9076-570-8

DEPÓSITO LEGAL: AL 753-2014

IMPRESO EN ESPAÑA – UNIÓN EUROPEA

*A Rafael Duarte González,*
*por nuestra perdurable amistad*

# ÍNDICE

## Prólogo de Afortunado

Futuro lector:

Quisiera, antes de que abrieras la primera página de esta *pieza*, (la llamo *pieza* porque está escrita para ser representada), darte algunas pistas sobre, no el contenido, que lo encontrarás en el transcurso de la lectura, sino sobre el porqué de esta obra:

Como quiera que nada se inventa *del todo* sino que se va recreando, porque las cosas tienen su precedente -como el reflejo su rostro o el espejo su mirada-, esta historia es también leyenda de un caballero. De un caballero errante que tiene en su mano el conocimiento de la vida y de la muerte. Es, este caballero, algo *quijotesco* -que como padre engendra sus semejantes-, aunque a diferencia de que a este le llamaron *Magnífico* y vivió hasta no hace mucho, en nuestra época reciente.

Como quiera que acaba un siglo y comienza otro sin nada haberse inventado o acabado del todo -como he dicho- y ya que siempre hay hueco para la recreación y el ingenio, el escriba de esta pieza quiere dejar constancia de algunas aventuras, dichos y vivencias que dijo o hizo este ilustre y buen caballero, el cual tenía un escudero: Este que ahora os dice y escribe. Un escudero, oyente, que pudo y tuvo la suerte de escuchar su voz quejumbrosa y que observó salir, de sus labios grandes y carnosos, frases sabias y nobles que se dijeron (y no hace mucho), para prosperidad de los siglos venideros. Y este acompañante escudero quiere ahora anotarlas con todo su gracia para que se representen algún día: Que tengan, si merece, su tiempo de representación escénica en una pandilla de actores que a buen seguro pondrán todo el empeño. ¡Oh, el tiempo representado y el tiempo de representación! ¡Teatro dentro del teatro!

Este es el porqué explícito de esta obra: El porqué implícito me lo callo para poder así servir, sin compromiso y con buen humor, a los lectores.

El que os habla es de tierras castellanas. Sobre el que escribe, errante caballero centro europeo, de La Dordoña, a la manera de antiguo caballero, que recorrió esta vieja Europa de norte a sur, de este al oeste ofreciendo esa su inmensa personalidad y sabiduría. Clásico era… y ¡humilde! Maestro de humanidades y ejemplo, como vuelvo a repetir, para siglos venideros. Llevaba, las más de las veces, pantalones anchos y zapatos grandes como ataúdes; capa a modo de manta embozada o chaqueta negra casi siempre arrugada; otras jersey de lana fuerte para el invierno.

Y nada más. Hace calor hoy en esta tierra y como quiera que el río donde estoy, -que baja agua fría: La he probado porque me he bañado (ahora estoy tumbado) -, aviva el entendimiento, el juicio y la jornada en la hierba verde de esta pradera que se hace risco y peña brava en la altura, te relato, lector de otro tiempo, algunos pasajes y sucesos que recuerdo haber visto y vivido junto a este caballero de corta y a la vez, larga vida.

Peñarrubias de Pirón, septiembre de 1999

# DRAMATIS PERSONAE

**Magnífico** caballero alto y fuerte, en la ópera clásica sería un solista tenor o bajo; siempre buscando la verdad de la existencia y sus asuntos.

**Afortunado** escudero acompañante.

**Cabreros** de escena campestre, fraternos y todo oídos a los diálogos existencialistas de Magnífico.

**Hija de un cabrero** rapaza inocente, joven y risueña que atiende el fuego que arde junto a ellos y prepara los enseres de la cena.

**Dos Comediantes** a la manera sarda, más preocupados de que no se caiga el retablo que han instalado que lo representan entorno.

**Tío, tía, doncella y pretendiente** actores de retablo, como pantomimas o marionetas.

**Enamorada** blanca y canosa, a punto de terminársele ya esa edad de enamorarse.

**Hija de *Enamorada*** todo ojos y rizos.

**Viejecita** agachada, algo epiléptica y que conoce bien los entresijos del mundo. Parecida a la muerte.

**Heladera** joven bella que vende helados en la playa.

**Muchedumbre** que ve el espectáculo de marionetas y platica en plaza y calleja.

**Público o espectador** invisible y al que Magnífico se dirige en sus monólogos.

---

*\*Nota del autor: (Estos textos o diálogos son provisionales; pueden suprimirse o modificarse y añadirse igualmente nuevos originales cuando se estime necesario para su representación.)*

# Acto I

## ESCENA PRIMERA Y UNICA

Paisaje entre verde y azulado: Soto con árboles. Anochecer. Sobre la hierba fresca un fuego en redondo arde y anuncia una velada. Mantas extendidas por el suelo. Una rapaza, hija de cabrero, prepara y coloca enseres. Puerta de madera situada al lado derecho del escenario, desde donde sale una luminosidad amarilla. La puerta está entre abierta y de su interior van saliendo dramatis personae: Pastores de cabras en este caso. Cada cual lleva algo diferente: Uno un queso, otro una bota de vino, otro una marmita o cazuela, otro una manta. Preparan los asientos para servir la comida y poder, así, descansar de la jornada. (Ambiente bucólico en noche cerrada). Dos mulos o caballos, blancos o pardos, descansan sentados y flanquean uno a cada lado aquel lugar. Como dos heraldos silenciosos, de vez en cuando relinchan. Sobre sus lomos, sendas mantas de colores. Sigue ardiendo el fuego y en él, ahora, una olla hierve. (Si no hay caballos de carne y hueso para la función se pondrán acartonados, a manera de estatuas clásicas sacadas de la mitología antigua o medieval.)

(**Magnífico** y su acompañante **Afortunado** están esperando, sentados junto a este fuego, con las piernas cruzadas y las manos sobre sus rodillas -como dos bodhisattvas-, a que les sea servido por la hija del cabrero un plato del contenido de esa olla que bulle.)

**Hija del cabrero.-** *(Se agacha ante Magnífico.)* "Tenga un buen tazón del rico revuelto que hemos preparado. Tiene carne estofada, patatas cocidas y judías; todo ello sazonado con especias del campo, principalmente orégano y romero que un poco más abajo, en aquellas laderas, crecen sanos y olorosos."

**Un cabrero.-** "Esto bien le calentará los huesos."

**Otro cabrero.-** "Y le hará reponerse de la última aventura de la que sale usted perplejo y pensativo."

**Afortunado.-** "Más bien diría yo jodido y con jaqueca. Aunque a mi Señor se le olvidan los esfuerzos antes de que cante el gallo."

*(Risas generales.)*

**Magnífico.-** "¡Silencio! ¡Cállate, charlatán! Qué entuertos ni que ocho cuartos."

**Afortunado.-** "He dicho esfuerzos."

**Magnífico.-** *(Malhumorado.)* "¡Lo que sea!"

**Afortunado.-** *(En voz baja.)* "Ya le he encendido."

*(Todos observan a Magnífico.)*

*(Se levanta y se dirige hacia el fondo del escenario, espesura de bosque umbrío. Altanero, lleva una manta sobre la espalda. Detrás de su espalda hay un público, como un mar de dudas, inmenso y azulado... Los demás siguen cenando.)*

*(Como recitando):*

**Magnífico.-** "Yo hablo por ti, mundo mago. Y evoco los sucesos que me toca vivir, que me siento obligado a decir. ¿Acaso soy un profeta de tus ciudades y de tus pueblos; de tus campos, ríos y mares? ¿No tengo otro destino que este el de ofrecer desde mis manos, desde estas mis blancas manos, *(Mirándose las manos.),* un puñado de ternura a las soledades humanas, a las inmensas desdichas simuladas que asolan este ya, siglo XXI?" *(Busca, con sus ojos, la nada ausente.)*

*(Desde lejos.)*

**Afortunado.-** "Vamos, venga a la mesa. ¿No ve que estos comensales no entienden nada y habla usted por hablar? Hablar por hablar al viento es echar agua en la mar. Venga a beber vino fresco del odre que he colgado de este roble."

**Magnífico.-** *(Alzando la vista.)* "Las estrellas y el cielo para quien los mira. ¡Nada más!"

**Afortunado.-** "Esta cena es suculenta y las brasas de este fuego confortan y sosiegan más que toda la verborrea que usted está echando al viento."

**Magnífico.-** "Ay, mi oyente, cuánto tiene que cambiar aún tu talante; tu manera de pensar y hablar para hacerte, un día, digno de admiración."

**Afortunado.-** "Un día, un día… Nunca llega ese día. Siempre en el camino…"

**Magnífico.-** "Persevera entonces."

**Afortunado.-** "Además no sigo sino mis consejos. Que estamos de igual a igual, ¿eh? Yo tengo casi tu edad."

**Magnífico.-** "Tú lo has dicho, casi. Pero soy algo más viejo. En cuatro, cinco años se va una vida."

**Afortunado.-** *(A los cabreros, en voz baja.)* "Siempre su voz resuena, ¡es tan profunda! Parece que llega de ultramar… Llena de ingenio, retumba y reverencia los lugares. Es su majestad, digna de rey, la que todo lo hace hermoso, digno de ser vivido… *(A Magnífico, en voz alta.)* ¡Perdóneme! A veces me gusta llevarle la contraria."

**Magnífico.-** "No importa. Dos nunca son iguales: Lo mejor es enemigo de lo bueno".

**Afortunado.-** "Aunque no sé bien lo que a veces quiere decir o a quién se dirige, estoy con usted, bien lo sabe. Soy su gran ayudante. El que le sigue, el que se ofrece para dar rienda suelta a sus altos sueños. Usted el caballero y yo el testigo, su compañero." *(Con énfasis.)*

**Magnífico.-** "Sí, sí sabes lo que quiero decir… ¿No te percatas de cómo en nuestros diálogos se adormece más la noche? No se oyen los ecos, los árboles no se mecen; no corre cantando el arroyuelo. Nuestras voces son ya tiempo: Somos silencio en el espacio… *Hoy es siempre todavía.*"

*(Pausa.)*

"Mira alrededor. Mírales… Comen y callan, alguna vez escuchan. Son cabreros: Nuestro reino. Tuyo-mío, mío-tuyo es el secreto. ¡Escucha! *(Susurrante.)* El silencio oscuro se va tragando lo baldío. Tenemos tiempo aún para redimirnos…"

**Afortunado.-** "Ahora siéntese, descanse, repose la cena... Voy a cantar una canción a la rubia más guapa de estos contornos, Ingrid, que a esta hora debe de estar sirviendo en alguna cantina de la villa a donde mañana llegaremos. Sabe que después de haber llenado la barriga me gusta cantar... Dame el rabel, hija de cabrero, para entonar y poner música a este canto."

*(La niña, afanosa, obediente y que convenientemente va atendiendo de vez en cuando a las brasas del fuego, sentada al lado de su padre le alcanza a Afortunado el rabel.)*

*(Magnífico se ha vuelto a sentar y se acomoda para escuchar.)*

*(Afortunado se pone de pie y apoyando una pierna sobre un saliente se echa a cantar):*

Venimos cansados
somos peregrinos
bajamos del monte
por largos caminos.
Venimos montados
sobre dos caballos
desde la montaña
bajamos al llano.
A la ciudad vamos
que de allí salimos
para ver de nuevo
a nuestros vecinos.

"¡Cambiemos de ropa
de humor y de ingenio!
¡Estemos decentes
cuando regresemos!"

Ya no dormiremos
más a ras de suelo
sino en nidos hechos
por redondos pechos.

Que nos ha dejado
el húmedo invierno
y alguna otra historia
reuma en los huesos.

"¡Cambiemos de ropa
de humor y de ingenio!
¡Estemos decentes
cuando regresemos!"

*(Afortunado termina esa especie de romance y apoya el rabel sobre una piedra.)*

**Magnífico.-** "Debo entender, amigo mío, que esta canción algo ñoña, medida y redundante la has hecho para estos cabreros."

**Afortunado.-** "No, los cabreros no entiende ni de caballeros ni de retiros en alta montaña… La he hecho para ti. Para ti rehago y compongo, para cantar nuestras, más de las veces, afanosas desventuras."

**Magnífico.-** "¡Qué desventuras! Son aventuras y encuentros: ¡Háblame! Yo soy un doctor. *(Ríe.)*"

**Afortunado.-** *(Riendo también.)* "Doctor Honoris Causa."

**Magnífico.-** *(Con rabia.)* "¡Calla! Sé bien quién soy y por qué hago lo que hago. ¿Acaso no te enseño todo lo que sé?"

**Afortunado.-** *(Burlonamente.)* "Bah, yo aprendo escuchando y no haciendo tanto ruido."

**Magnífico.-** "¡Mal nacido! ¡Desgraciado!"

**Un cabrero.-** "No discutan tanto, que se calentarán los humores y no van a digerir bien el guiso de la cena."

**Otro cabrero.-** "No merece la pena ponerse así."

**Magnífico.-** "Sabios cabreros, razón tenéis. Callemos pues."

**Afortunado.-** "¿Acaso no te sigo?"

**Magnífico.-** "¡Bueno, me decepciona algo tu desconfianza. ¡Traidor eres de tu mayor amigo! El que ronda en torno a tu mesa, allí va tu enemigo."

**Afortunado.-** "Es normal, no le des importancia; quien mejor conoce peor trata… *(Recostándose.)* Pero vayamos ya a dormir al arrimo del fuego que ya debe de ser casi medianoche. Mañana necesitaremos las fuerzas suficientes para llegar en forma a la villa."

**Magnífico.-** "Ah, villana ciudad, lamento de los remordimientos, compendio de los vicios…"

**Afortunado.-** "Venga, a dormir se ha dicho."

**Magnífico.-** "*Va bene, va bene…* Oh, historiador de mis aventuras."

**Afortunado.-** "Historiador o poeta no hacen mal."

**Magnífico.-** "Claro que no hacen mal... ¡Escribas de lo divino!"

**Afortunado.-** "Usted lo ha dicho."

**Magnífico.-** "Aunque tú eres un poco corto de entendederas."

**Afortunado.-** "Sí, pero no me las dan redondas."

**Magnífico.-** *(Irónico.)* "O con queso…"

**Afortunado.-** "A usted muy a menudo le recriminan sus actos y puntos de vista."

**Magnífico.-** "Aunque respetuosamente."

**Afortunado.-** "Sí, eso es cierto."

**Magnífico.-** "¡Bueno, bueno, no es asunto tuyo lo mío! Los quehaceres y devaneos cada cual para su saco."

*(Se apagan las luces del escenario. Todo queda a oscuras. Los personajes se han acostado. El fuego se va apagando, poco a poco.)*

**Un cabrero.-** "¡Llévenos con usted!" *(Tumbado en su lecho, cara arriba, mirando las estrellas.)*

**Hija de cabrero.-** "Sí, sí…"

**Otro cabrero.-** "Nunca hemos visto de noche la ciudad antigua."

**Otro más.-** "Podemos pagar con nuestros ahorros la habitación de hospedaje."

**Todos.-** "¡Sí! ¡Llévennos a la ciudad!"

**Otro.-** "Qué experiencia."

**Otro.-** "La mejor de nuestra vida."

**Otro.-** "Nunca fuimos tan lejos."

**Magnífico.-** "No, amigos, no... No están hechas las mundanas vicisitudes para vosotros. Quedaos mejor así. No queráis ver ni reconocer otro entorno que no sea este, junto al lecho del río que ahora susurra y bajo estos árboles que ahora nos mecen y abrigan... No, no está hecha la multitud que contagia para vosotros, hombres de buen hacer."

**Cabrero.-** "¡Ta, ta, ta! Habladurías."

**Magnífico.-** ¡A dormir! ¡Silencio! Mañana será otro día."

**Cabrero.-** "Pero, ¿por qué no? ¡Una vez!

**Otro.-** "¡Vayamos sólo una vez!"

**Magnífico.-** "Tal vez, tal vez..."

**Hija del cabrero.-** "Se ven claridades a lo lejos... Mañana al rayar el alba, o esta madrugada lloverá... Padre, coja esta manta más fuerte, no vaya a pasar frío."
*(La muchacha, ágil, vivaracha y aún levantada retira la olla de las brasa del fuego y recoge los enseres de la cena mientras ya todos duermen.)*
*(Silencio.)*

# Acto II

## ESCENA PRIMERA

*Lugar público: Plaza. Noche de luceros. Una veintena de personas agolpadas ante el podio con retablo donde va a representarse un espectáculo. Es veintiuno de junio, la fiesta de la música y el comienzo del primer verano. Jolgorio. Luz anaranjada, en contraste con la luz verde azulada de la escena anterior: Luz de arrabal, de candiles y faroles.*

*(Magnífico y Afortunado se acercan andando.)*

**Afortunado.-** "¡Vamos a ver aquello! Hoy es la fiesta de la víspera del verano y representan allí un espectáculo."

*(Se aprecian sus espaldas entre otras sombras. Escenario y cortinajes propios de un tablado de marionetas en un podio situado frente al espectador; sobresaliendo fila de cabezas con un murmullo casi espectral, de callejón de gatos.)*

*(De detrás del estrado o podio salen dos comediantes. Con teatralidad y énfasis, agachados como comadrejas sin rabo):*

**Comediante primero.-** ¡Tralará! ¡Tralaré!

**Comediante segundo.-** ¡Titirí! ¡Títeres!

**Comediante primero.-** "Vamos a contar…"

**Comediante segundo.-** "Es nuestro deber…"

**Comediante primero.-** "La historia que veréis…"

**Comediante segundo.-** "De una muchacha que quería ser…"

**Comediante primero.-** "¡Artista!"

*(Pausa.)*

**Comediante segundo.-** "Pero alguien le cuenta un cuento…"

**Comediante primero.-** "Junto al arrimo del fuego..."

**Comediante segundo.-** "Para que se vayan..."

**Comediante primero.-** "Esas ideas…"

**Comediante segundo.-** "¡De su ca-be-ci-ta!"

**Comediante primero.-** "Y… ¿Quién le cuenta el cuento?"

**Comediante segundo.-** "Pues, su tía abuela."

**Comediante primero.-** "Y, ¿por qué…?

**Comediante segundo.-** "Pues por el simple placer de na-rrar."

**Comediante primero.-** "Bueno, ¿Y...?"

**Comediante segundo.-** "La historia debiera servir a las jovencitas…"

**Comediante primero.-** "Para que dediquen…"

**Comediante segundo.-** "O pasen el tiempo…"

**Comediante primero.-** "Con otras cositas..."

**Comediante segundo.-** "No vayan a armarse…"

**Comediante primero.-** "De pretenciosas conquistas..."

**Comediante segundo.-** "Porque luego terminan…"

**Comediante primero.-** "¡Feas y agresivas!"

**Comediante segundo.-** "Eso, eso… ¡Feas y agresivas!"

**Comediante primero.-** "¡Larga vida a la mujer bonita!"

**Comediante segundo.-** "Con todos ustedes…"

**Comediante primero.-** ¡El retablo de *La niña artista*!

*(Los comediantes desaparecen tras el telón negro.)*

# ENTREACTO

*Se abre el telón negro. Aparecen tres personajes: Tío, tía y doncella. Se mueven como marionetas. Vestimenta al uso de actores callejeros. El gentío, que se ha vuelto a reunir y hablar en susurro espectral en torno al centro del estrado, vuelve a desplazar sus cuerpos y cabezas para ambos lados para dejar libre la visión de la representación.*

**Doncella.-** "Tío, tío…, hablarle quiero."

**Tío.-** "Tú dirás, niña mía."

**Doncella.-** "Me voy a la ciudad, quiero ser artista. Me cansa la soledad del campo ameno."

**Tío.-** *(Deja de leer su libro.)* "Pero, hija, sólo tienes quince años, no has terminado aún la escuela."

**Doncella.-** "Está decidido tío, me voy a la ciudad. Respéteme usted, que aunque joven, ya sé lo que quiere decir: E-le-gir."

*(Aparece la tía abuela.)*

**Tía-abuela.-** "¡Pero hija! Cómo se te ha metido esa idea en la cabecita."

**Tío.-** "¡Tan joven! ¡Reflexiona!"

**Doncella.-** "¡Quiero ser artista!"

**Tía-abuela.-** "¡Tan joven! Ay, madre mía."

**Tío.-** "Qué escándalo."

**Tía.-** "Mira, te voy a contar un cuento, como cuando eras pequeña. Ven a mi lado niña mía, perla de la casa, que desde que murió el canario eres tú la alegría. Siéntate en esta sillita."
*(Música)*

**Tía.-** "Había una vez una niña que se llamaba Lucía. El viento esparcía sus cabellos a lo largo de calles y bajo balcones. Sus labios, rojos y carnosos, atraían a todos los corazones jóvenes de la ciudad. Era bella y virtuosa…. Y lo sabía, por eso se mostraba siempre, simpática y caritativa."

**Doncella.-** "¿Y…?" *(Burlona.)*

**Tía.-** "Un día su virtud se torna ambición. Quiere huir, colarse en la más alta sociedad: *¡Quiero salir, quiero salir!* -repetía-. Ansiaba la fama, que la conocieran todos los que no la conocían. Sorprendió a directores y compañías de la más alta categoría. Su belleza, aún ruda y salvaje, a todos sorprendía."

**Doncella.-** "¿Y…?" *(Más burlona.)*

**Tía.-** "Como era valiente llegó arrebatadora a todos los lugares… Una muchachita que quería triunfar, pero… *(Con énfasis.)*, ¡que estaba por formar! Su tacto y bondad se volvieron rebeldía, virtud mal entendida. La ambición y la osadía de aquella niña, sol y luz de Castilla, acabaron con su esplendor; que no hay ánimo interior que no se exterioriza."

**Doncella.-** "¿Y…?" *(Expectante.)*

**Tía.-** "Se hizo bruja, ganó en malicia y sus dotes naturales: Belleza, bondad y sabiduría volaron de un pecho que antes siempre ardía. Parecía una niña corrompida. ¡Vanidad y teatro! ¡Vanidad y teatro!"

**Doncella.-** "Qué triste lo que me cuentas. ¿Y…?" *(Pensativa.)*

**Tía.-** "Pues al final, muy al final se dio cuenta de en *lo que se convertía.*"

**Doncella.-** "Y, qué más…" *(Deseosa.)*

**Tía.-** "Enamorase de un hombre…"

**Doncella.-** "¿Y…?"

**Tía.-** "Terminan los dos cantando canciones por los pueblos de Castilla."

**Doncella.-** "¿Y…?"

**Tía.-** "Y ya está… Es esta la historia de la muchacha Lucía."

**Doncella.-** *(Perpleja.)* "Yo no la conocía."

**Tía.-** "Pues ya la conoces."

**Doncella.-** *(Reflexiva.)* "Cambiando como cambio de opinión…"

**Tío.-** "Qué…" *(Expectante.)*

**Doncella.-** "¡Ya no quiero ir a la ciudad! ¡No quiero convertirme en artista!"

**Tío.-** "¿Lo ves? Te lo decía…"

**Doncella.-** "Sí, sí, ya lo entiendo… Prefiero la vida sencilla."

**Tío.-** "Muy bien, niña mía, que desde que murió el canario eres tú la alegría de la casa."

**Tía.-** "¡Es ahí donde radican belleza y valentía!"

*(Entra el pretendiente.)*

**Pretendiente.-** "¡Marisa!"

**Marisa.-** "¡Antonio, bésame fuerte, muy fuerte! Tengamos un hogar, ¡pronto Antonio!, no seamos tontos…" *(Se besan como dos peleles.)*

*(Se cierra el telón. Salen los dos comediantes detrás del cortinaje. Saludan.)*

**Comediante primero.-** "Y aunque representaron..."

**Comediante segundo.-** "Una historia moralista…"

**Comediante primero.-** "Que sirva de ejemplo…"

**Comediante segundo.-** "A las señoritas…"

**Comediante primero.-** "Para que pasen el tiempo…"

**Comediante segundo.-** "Con cosas sencillas..."

**Comediante primero.-** "Como por ejemplo…"

**Comediante segundo.-** "¡Coger margaritas!" *(Persiguiendo al segundo comediante, en actitud erótica o lasciva.)*

**Comediante primero.-** *(Gritando.)* "¡Larga vida a la mujer bonita!"

*(Se esconden dentro del telón. La muchedumbre aplaude. Se van yendo.)*

*(La plaza se queda vacía. Magnífico y Afortunado se sientan en el adoquinado, entre el estrado y el invisible espectador. Pensativos.)*

**Afortunado.-** "Vaya representación, qué majadería."

**Magnífico.-** "Requetevista, requetesabida."

**Afortunado.-** "Sí, todos los años hacen la misma, con pequeñas variaciones."

**Magnífico.-** "¿Con qué vas a pedir que se les entretenga en víspera de fiesta?"

**Afortunado.-** "Pues… Con estas majaderías, las de siempre."

**Magnífico.-** "Sí, las de siempre, pero con pequeñas variaciones, para engañar."

*(Se levantan Magnífico y Afortunado. Salen de la plaza, por un lateral. La luz mientras se torna opaca. Un último comediante recoge en el podio, en una cesta que lleva bajo el brazo los últimos atuendos, cortinajes y cachivaches de la función.)*

# ESCENA SEGUNDA

*Callejón villano. Soportal y balcón. Luz amarillenta, de candiles. Por un lateral entra Enamorada. Lleva de la mano a su hija.*

**Afortunado.-** *(Apoyado en una pared.)* "Mírala por dónde viene, es esa mujer enamorada de tu persona..."

**Magnífico.-** "¡Calla! ¡Está bien! No me la recuerdes."

**Afortunado.-** "Con lo hermosa que es… ¡Ay, si fuera mía!"

**Magnífico.-** "Tuya es, yo no la quiero."

**Enamorada.-** "Hola, caballero de capa y sombrero. Cuánto tiempo sin veros." *(Pasa ante ellos.)*

**Magnífico.-** "Estuvimos en Los Pirineos."

**Enamorada.-** "Sí, lo sé; me lo dijeron… Una prima mía casada con un español os vio salir del pueblo de su marido, muy de mañana. Enseguida me llamó: ¡He visto a aquel joven alto que vivía cerca del barrio del Cabriol!"

**Magnífico.-** "Y, ¿cómo no nos dijo nada?"

**Enamorada.-** "¡Kia! Es vergonzosa y tímida; no se atrevió. Os vio *tan a lo vuestro*."

**Magnífico.-** "Cierto es."

**Enamorada.-** "También me contó que os había visto hacer más memeces que a un circo entero."

**Magnífico.-** "¡Habladurías!"

**Enamorada.-** "Y se corrió la voz por los pueblos de la zona de que robabais gallinas en los corrales por donde pasabais… ¡Del hambre que teníais!"

**Magnífico.-** "No es del todo cierto."

**Enamorada.-** *(Apoyada en el muro.)* "Bueno, ¿y de lo nuestro…? ¿Vamos a vernos?"

**Magnífico.-** "¡Bah, qué me cuentas!" *(Magnífico desaparece.)*

**Afortunado.-** "¡Claro, le hierves la sangre y cuando algo le falla o le ronda la cabeza es difícil atraparlo."

**Enamorada.-** "Tú le tienes. Está siempre contigo."

**Afortunado.-** "Pero es distinto, soy su amigo. Su compañero de aventuras y desventuras."

**Enamorada.-** "¡Si yo pudiera estar con él como estás tú! Un rato, sólo un pequeño rato al día… Con eso me contentaría. Cuéntame cómo es, qué hace…"

**Afortunado.-** "Que te cuente cómo es; que, qué hace…"

**Enamorada.-** "¡Sí, dime, por favor!"

**Afortunado.-** "Pues hace de la vida un ideal constante y además, un acto de amor. No te será fácil retenerle, no."

**Enamorada.-** "¿Qué puedo hacer?"

**Afortunado.-** "Tener confianza."

**Enamorada.-** "No, no tengo ni el coraje ni la fantasía."

**Afortunado.-** "Quieres vivir una larga y gran historia de amor con él, ¿no es verdad?"

**Enamorada.-** "Tal vez..."

**Afortunado.-** "Tal vez no, sí. Pero estás vieja... ¿Cuántos hijos has tenido ya?"

**Enamorada.-** "Sólo una niña. Mira cómo se parece a mí, ¿verdad? Es tan guapa..." *(La coge en brazos.)*

**Afortunado.-** "Sí, qué guapa es… Aunque eso a un hombre le da miedo..."

**Enamorada.-** "¿Qué le da miedo?"

**Afortunado.-** "¡Un niño!"

**Enamorada.-** "¿Un niño?... *(Sorprendida.)* Pero si yo soy como él, ¡una soñadora! Qué más da el pasado de cada cual. Hay lo que ha sido y lo que podrá ser… *Lleva quien deja y vive el que ha vivido*, nada más. Presente, presente quiero, sólo presente… Sé danzar, hacer muecas, manejar los hilos de las marionetas."

*(Danza, salta sobre sus pies. A su hija, que la tiene agarrada de la mano, la coge como a una muñeca haciéndola bailar.)*

**Enamorada.-** "Hija, dame tus pulseras, dame tu pelo… Ven que te haga unas trenzas."

**Afortunado.-** "¡Ríe, suspira! ¡Ay, *Enamorada*, si yo te dijera!"

*(Ella se le acerca.)*

**Enamorada.-** "Dime, dime…"

**Afortunado.-** "¿Sabes? Yo siempre te he querido, pero mi virtud y mi belleza poco pueden hacer junto a la suya."

**Enamorada.-** "Sí, sí, amémonos..."

**Afortunado.-** "Ya no, *Enamorada*. Ya no puedo… Si no hay decisión al principio, no la debiera haber luego. Además tú le quieres a él. Te arrimas a mí porque te lo recuerdo."

*(Magnífico aparece por la otra parte del escenario. Lleva una jarra de vino en la mano. Tímidamente apoya su codo en el hombro de Afortunado. Ella saluda humilde, temerosa: Adorando al caballero.)*

**Magnífico.-** "Anda, vamos a cenar."

**Enamorada.-** "Tu voz retumba en lo alto de la iglesia. Qué hueca es." *(Le observa con respeto y admiración.)*

**Magnífico.-** *(Sin mirarla.)* "Falso romanticismo, falsa adoración: Vieja, vieja."

**Hija.-** *(Con miedo.)* "¡Mamá, Mamá!"

**Enamorada.-** "Ya nos vamos, cariño."

**Afortunado.-** "No es tan vieja y su belleza es muy sincera."

**Magnífico.-** "Olvídalo, yo busco otro tipo de princesa."

**Enamorada.-** "Bien, tú te lo pierdes."

**Afortunado.-** "Contenga los malos humos vuestra Merced, que lo que es del cielo del cielo es y no hay más guisa para arreglarlo luego que la aceptación y resignación ante el suceso. Si esta mujer es para usted acéptelo y no se rebele. Tenga cuenta de sus usos y andanzas que el cielo dispone y todo revierte, si a bien o a mal no sé decirlo; solo sé esto: *Paz a los hombres de buena voluntad.* Así pues no castigue usted a esta mujer que sólo quiere a bien servirle."

**Magnifico.-** "Escudero, hermano mío, entendedor de mis faenas, algo tienes de razón en que debería contener las formas, pero no tienes de qué preocuparte, ella tiene más vidas y más cuerda de las que tiene un gato y un rabel, no te preocupes, créeme; y también tengo que pensar en mi cuidado, no que en una de estas sus embestidas me vaya a llevar a donde se crían lechugas y tomates, es decir al huerto, y luego no me pueda menear de allí por creerme cómodo y seguro. Se acaben para mí entonces las andanzas y aventuras y el sentido de esta representación. Soy también de carne y hueso y el sexo, mejor no me tiente ahora que sólo queda ya poco más de un acto."

**Afortunado.-** "Ya estamos casi al final del segundo."

**Magnífico.-** "Bien dices. Y luego todo irá rápido."

**Afortunado.-** "Des-ven-tu-ras… Sólo desventuras."

**Magnífico.-** "No empecemos con el dilema."

*(Desaparecen él y Afortunado. Enamorada, que ha escuchado prudentemente la conversación, queda en escena, sola, con su hija. Agacha la cabeza.)*

*(Baila una danza con una falda de vuelo larga y negra: Representación.)*

*(Música.)*

*(Se oscurece la luz del escenario al final de la danza.)*

# ESCENA TERCERA

*Luz verde azulada. Arrabal de ciudad. Pórtico en ruinas. Columnas con capitel a la manera casi de la Grecia antigua. Arcos de medio punto en pie y a medio caer. Ambiente pictórico, entre surrealista y fantasmagórico. Magnífico y Afortunado se apoyan sobre ruinas salientes. Descansan.*

**Afortunado.-** "Tengo la cabeza en el culo de tanto vino."

**Magnífico.-** "No deberíamos haber bebido."

**Afortunado.-** "Creo que alargamos demasiado la charla con aquella gente de taberna, calleja y atrio de iglesia."

**Magnífico.-** "Y ya no paramos."

**Magnífico.-** "Ay, los viejos conocidos... Tahúres de cantiga."

**Afortunado.-** "Malo, malo."

**Magnífico.-** "Qué poco cambian las tardes."

**Afortunado.-** "¿Y nosotros, hemos cambiado?"

**Magnífico.-** "Hemos hecho actividades diferentes, quizás menos vulgares."

**Afortunado.-** "Cada cual tendrá las suyas."

**Magnífico.-** "Eso sí."

**Afortunado.-** "Uno es taxista, otro oficinista, otro farmacéutico, otro profesor. ¿Y nosotros...?"

**Magnífico.-** "Nosotros somos gilipollas." *(Riendo.)*

*(Aparece tras de las ruinas una viejecita vestida de negro. Va hacia ellos. Camina cabizbaja. Algo epiléptica.)*

**Viejecita.-** "¿Serían tan amables de ofrecerme alguna rupia, buena gente?"

**Afortunado.-** "No nos queda ni un chavo. Nos lo gastamos en la cantina."

**Magnífico.-** "A mí me queda algo. Aún guardo dos monedas en este calcetín. Tenga usted, todas las que hay."

*(La viejecita extiende la mano y alza la cabeza. Coge las monedas.)*

**Viejecita.-** "Dios se lo pague, buen hombre… ¿Es usted aventurero, verdad?"

**Magnífico.-** "Sí, ¿cómo lo sabe?"

**Viejecita.-** "Se lo he visto por la palma de sus manos, los rasgos de la cara y la manta."

**Magnífico.-** "Sabia mujer."

**Viejecita.-** "En mi época aún quedaban unos cuantos. Bajaban a mi casa desde los caminos del monte, a pedir de beber; o a pedir que les lavase la ropa."

**Afortunado.-** "¿Y, cómo eran?"

**Viejecita.-** "Muy valientes, respetuosos y guapos. Aquí, hasta este lugar venían para hablar de sus partidas."

**Magnífico.-** "¡Ah, el tiempo!"

**Viejecita.-** "Sí, el tiempo… Todo lo pasa de largo con su flecha… Y nunca hay marcha atrás."

**Magnífico.-** "De largo y, ¿en vano?"

**Viejecita.-** "No, no en vano... Según lo mire. El tiempo es también un presente, este en el que ahora declamamos, este en el que ahora representamos; y es lo que hay que estirar, ¡con fuerza!" *(Apretando contra el puño las monedas que le acaban de dar.)*

**Afortunado.-** "Qué centrada y prudente en tu presente, abuela."

**Viejecita.-** "No lo sé… Tal vez. He sido siempre así. En todo caso, ¡que tengáis suerte en vuestra empresa!"

**Afortunado.-** "¿Qué empresa?"

**Viejecita.-** "La que sea."

**Afortunado.-** "Y qué más…"

**Viejecita.-** "Y que encontréis mujeres que os sepan entender; que alivien el peso de vuestras faenas. Quedan pocas también…"

**Magnífico.-** "Eso ya es otro cantar."

*(Las voces declamadoras resuenan en el atrio aquel: Ruinas de románico, imágenes de arcángeles en piedras de capitel.)*

**Afortunado.-** "Dios te guarde, mujer."

**Viejecita.-** "Que os guarde primero a vosotros que sois más jóvenes."

*(Riendo a carcajadas.)*

**Magnífico.-** "¿Quién eres tú?"

**Viejecita.-** "No soy nada… Soy *la nada*. La próxima vez que te vea, caballero, vendré a por ti. Aprovecha tu tiempo entonces y no demores."

*(Se emboza en su chal y se va.)*

**Magnífico.-** "La tragicomedia asola esta escena. Todo desaparece: Personas, actitud, materia… Mira este paraje… *(Señalando alrededor, con la mano.)* Todo se olvida por un momento y, la noche… Después del bullicio incauto pasa la pena, tan de cerca…"

**Afortunado.-** "O *la nada* junto a la ruina de piedra… ¿Era la vieja la muerte?"

**Magnífico.-** "No, era una mujer de carne y hueso, ¿no la viste?"

**Afortunado.-** "Sí, pero…"

**Magnífico.-** "No, no temas nada. *(Paternal.)* Para algo sirve la mañana y con ella su luz de alba, para renacer; todo se serena… Pero respeta la noche, amigo. Símbolo de un final. Entendido como rezo y plática, ¡tiempo de reflexión!"

**Afortunado.-** "¿Entonces?"

**Magnífico.-** "Entonces no tenemos mucho tiempo… y la viejecita que acabamos de ver era el hada de los sueños. Para prevenir, para hacer entender que las cosas humanas tienen un envés que las mortifica, pero al que hay que saberse abrazar también... Y, llegada la mañana, volver a ser, de nuevo, puros y libres. Dos chavos le dimos y con ellos pagamos nuestra entrada en el reino de la tierra, al que nos debemos casi igual que al del cielo y al que hay también que agradecer y respetar."

**Afortunado.-** "Cielo y tierra, tierra y cielo…"

**Magnífico.-** "Que de allí *(Señalando el cielo.),* son todas las causas, todas las horas y todos los momentos, en la oscuridad y en la luz."

**Afortunado.-** "Cielo y tierra, tierra y cielo."

**Magnífico.-** "Tú entiendes mejor borracho que sin estarlo."

**Afortunado.-** "Pare usted, que todas las cosas y horas, como ha dicho, son del cielo y a ellas vamos."

*(Pausa.)*

**Magnífico.-** "¡Ay!, qué noche estrellada."

**Afortunado.-** "Sí, bella es… Pero pare usted, déjeme dormir un rato que si no, ni voy a ver más noches ni voy a ver el alba porque me voy a quedar muerto de verdad."

*(Se recuesta sobre su manta y se echa a dormir.)*

*(Magnífico gira en torno a él y continúa mirando, solo, las estrellas.)*

# Acto III

## ESCENA PRIMERA

*Soto de castaños o tilos. Paisaje verde. Soledad amena. Solos en escena, Magnífico y Afortunado. Luz de bosque verde azulada.*

**Magnífico.-** "Tiempo hace que estoy cansado y apesadumbrado, desde que salimos de la ciudad. No sé si será por la humedad de estos parajes pero no he vuelto a levantar el ánimo."

**Afortunado.-** "Paseemos por esta parte donde el agua corre o golpea contra esas rocas verdes. Aquí el tiempo se remansa y el agua baja más calmada... La temperatura es algo más suave."

**Magnífico.-** "¿Sabes?, me duele la espalda."

**Afortunado.-** "¡Bueno, eso no es nada! No se pronostique el mal."

**Magnífico.-** "¿Si me internasen por un tiempo en un hospital, irías a visitarme?" *(Algo irónico.)*

**Afortunado.-** "Por supuesto, mi señor, pero sólo alguna vez, ¿eh? De tarde en tarde *(Bromea, le da en la espalda.)* Lo que usted quiera, hombre… Aunque seguro que no es nada… Eso se quita con algo de calor, ya verá."

*(Silencio entre ambos. Se sientan.)*

**Magnífico.-** "Sólo sé que para ser feliz, para sonreír, hay que estar escondido, muy adentro."

**Afortunado.-** "Muy adentro de qué, de dónde."

**Magnífico.-** "De qué va a ser, de este bosque… Que todo lo que hagas, hasta lanzar la mano *(Hace el gesto.)*, y aún sin dejar caer nada, sea parte de los actos de tu vida. Todo se va o se pierde, sí; pero también todo, a un tiempo, se retiene."

**Afortunado.-** "Cogido le tengo por ahí, señor. ¿No quería usted gloria, no deseaba fama?"

**Magnífico.-** "Qué necio eres aún, amigo mío. No confundas la velocidad con el tocino. No busco la gloria en calderilla, sino la gloria verdadera: La de no decir nada, diciéndolo, a la vez, todo."

**Afortunado.-** "Y yo, qué sabía…"

**Magnífico.-** "Quiero que lo sepas, que me voy yendo poco a poco. Doblado tengo el cuerpo de tantas caminatas desde la montaña hasta Avignon y Perpignan. La humedad, el frío, el barro han hecho de mí un hombre más débil. Doblado el cuerpo de tantas cargas pesadas; no olvides que fui cocinero antes que fraile. Pero espero que bien hayas aprendido de mí, como yo he aprendido de ti; y para los días venideros."

**Afortunado.-** "No diga tonterías... Usted no puede dejarse así; y menos morirse sin antes haber hecho esa *pieza* que le tiene tan atareado y entusiasmado."

**Magnífico.-** "Amigo, no seas ingenuo. Hemos trabajado juntos durante mucho tiempo, lo sabes... Te he visto cambiar. He visto cómo se sosegaba tu humor, tu ánimo. Te he visto hacerte discreto también. Pero no vayas pareciéndote a mí, que no quiero. La ley natural, igual que se levanta un día se pospone otro."

**Afortunado.-** "Pero, ¡hay que vivir!"

**Magnífico.-** "Prefiero todo haberlo dejado en el tintero sin haber representado nada. Sí, he tentado tal vez el ridículo de mi persona que al fin y al cabo, es lo único cierto y mío que me ha sido otorgado."

**Afortunado.-** "¡Ah, personalidad, personalidad! Vana es en el aire, igual que las banderas..."

**Magnífico.-** "La persona que miraba en el espejo eras tú. Y cuando yo blanco, tú siempre dijiste negro." (*Se gira hacia él.*)

**Afortunado.-** "Que no mi Señor, que no te dejo que te duermas en los laureles y menos que desistas. Si ya lo tenemos casi... Encontraremos muy pronto al mecenas que salve nuestra obra, nuestras vidas, como un hada en los sueños." (*Arrodillado en el suelo, le abraza.*)

**Magnífico.-** "Una obra y una vida que sólo has reconocido tú."

**Afortunado.-** "Pero escrita y vista por ti también. Eras tú el que me la señalaba, el que me la dibujaba, como en contorno. Perfil de un gran caballero… Te he acompañado y he podido describir al majestuoso amigo: Eso que bien decías y hacías."

**Magnífico.-** "¿Sabes, amigo? Creo que la única cosa real por la que hemos disputado ha sido por las mujeres. Tú querías esa y yo también; tú querías aquella y yo también…"

**Afortunado.-** "No hemos sido muy ecuánimes en el juego de cambio."

**Magnífico.-** "Ah, sí, cierto es… Y me siento apenado por haber disputado tanto. Desde los tiempos más remotos lucha ha sido esa… Los dioses y los primeros hombres que esos dioses crearon también disputaron por mujeres; unas castas y otras no tanto, pero todas bellas. Sino del ser humano, efecto y causa del mayor de sus deseos… Perdona, ha sido mi mayor egoísmo. Incluso cuando tú deseabas alguna y la mirabas o decías algo, ya estaba yo encima para aguarte la fiesta. Sí, ha sido la única cosa real por la que creo haber sido un ser egoísta."

**Afortunado.-** "Y así nos ha pintado, que tú por ti y yo por mí: La casa sin barrer…. No nos hemos *comido ni una rosca*." *(Riendo.)*

**Magnífico.-** "Perdona amigo, tengo merecida mi última soledad."

**Afortunado.-** "¡No pasa nada! Hasta aquí hemos llegado. Es lo que hay…"

**Magnífico.-** "Sí, es verdad… *(Silencio.)* ¡Mira! *(Señalando.)* He visto pasar a Ingrid. ¿Te acuerdas de Ingrid? Ella era toda una mujer. Con su pelo recogido, su mirada iluminada y su virtuosa sencillez. ¿A ti siempre te gustaron las rubias, verdad?"

**Afortunado.-** "Sí, a lo mejor porque soy moreno."

**Magnífico.-** "A mí las pelirrojas. El pelo rojo y graciosas pecas en la piel. Pelirrojas y de otras razas: Árabes, orientales... ¡Pero amigo, eso hubiera sido la discordia! Hubiéramos muerto atravesados por el filo de la raza."

*(Pausa.)*

**Afortunado.-** "Y, cambiando de tema, ¿te sentiste traicionado?"

**Magnífico.-** "En qué sentido, ¿por ellas, dices?"

**Afortunado.-** "No, en general."

**Magnífico.-** "Sí, alguna vez... Sobre todo en asuntos nocturnos. De eso hace más de sesenta años. Era como un asno salvaje... Iba luego a vengarme, directo a morder en las orejas, en los brazos, en lo que fuera con tal de que me devolvieran lo mío. El sentido del honor, aunque el honor es patrimonio del alma más que de puertas afuera, lo he tenido siempre muy arraigado, dentro de mí, como un palomo temblando entre unas manos de niño. Me ponía iracundo si me faltaban al respeto."

**Afortunado.-** "¿Al respecto?"

**Magnífico.-** "No, al respeto."

**Afortunado.-** *(Sorprendido.)* "¿Y, te enfadabas?"

**Magnífico.-** *(Mirándole por encima del hombro: Teatralidad.)* "Sí, me enfadaba mucho, muchísimo."

**Afortunado.-** "Suele pasar... Es verdad *(Pensativo.)* Por lo que a mí atañe es la mujer mi pieza emotiva, mi empeño y mi mayor envidia."

**Magnífico.-** "Bueno, *a tiempo pasado no poner mano en mejilla.* Quiero decir que todo ha pasado ya. Pero mira, escucha… *(Expectante.)*¡Retumban clarines! Han anunciado la feria en la villa. Están sirviendo meriendas y vino de cosecha."

**Afortunado.-** "Intuyo comparsas de música que empiezan a tocar. Han encendido la luz de las farolas en el Barrio Viejo y por sus calles estrechas no se puede pasar de tanto gentío. Todo está cubierto de guirnaldas" *(Con la mano en la frente, divisando.)*

**Magnífico.-** "Bajemos pues desde este bosque a *La Gran Plaza*, para sentarnos en su suelo adoquinado. Salgamos de aquí. La música y los cohetes van a festejar el final."

**Afortunado.-** "No diga tonterías *(Enérgico.)* Está usted más sano y despierto que nunca. ¿Qué tienen que ver esas romerías con su final?"

**Magnífico.-** "Qué sabrás tú… Lo que yo te diga… Estamos casi al final del tercer acto y cuando este termine acabará todo con el… Esa es la verdad, ¡carajo!… Pero hace frío, hace frío. Ponme el abrigo, amigo mío."

*(La escena queda en penumbra. Silencio. Los dos, abrazados, se quedan mirando el horizonte. Un gran foco ilumina el rostro que debe de ser, en los dos, heroico y demacrado a un tiempo.)*

*(Afortunado sale.)*

*(Magnífico se queda solo. Muecas de extrañeza, gestos de arrogancia. Pasea por la escena. Se busca, levanta la nariz al cielo, agacha la cabeza…)*

**Magnífico.-** *(Gritando, con voz ronca. Volviendo en sí y dramático.)* "¡Afortunado, Afortunado! Pasaré a buscarte mañana, a las seis. Nos vamos al mar, definitivamente. Llegaremos pronto, muy pronto a la tierra pura de Deouatchen."

**Afortunado.-** *(Desde lejos, silbando y algo indiferente.)* "Va bene, va bene…"

**Magnífico.-** "Ahora quiero estar a solas. Quiero purificar alguna cosa más sobre mi persona."

**Afortunado.-** "Va bene, va bene…"

*(Sale Afortunado.)*

# ESCENA SEGUNDA

*El mar. Luz diferente respecto al decorado del bosque. Viento que sopla. Telas azuladas y verdes, nítidas y claras. Color variable. Efectos de sonido suave y acompasado de olas.*

*(Magnífico y Afortunado están sentados. Magnífico admira y Afortunado escribe.)*

**Afortunado.-** "Parece que escucho el mar de fondo, ¡por fin! Hace ya varias semanas que dejamos la villa."

**Magnífico.-** "¡Oh mar, suprema melancolía! Dices del campo ameno, amigo, pero el mar, al que una vez más llegamos, tiene una forma todavía más densa de soledad. Nos traga como un eclipse solar."

**Afortunado.-** "Mejor será que cambies tu registro, aquí no valen esos comentarios. Sacaré la guitarra para cantar a los bañistas de la playa y ganarnos unos chavos… En esta época del año suelen abundar por estos pueblecitos de la costa."

**Magnífico.-** "Estamos echados a perder, hemos querido el todo y por el todo no tenemos ni la parte. Nos hemos quedado sin nada. Definitivamente, somos caballeros errantes. Caballeros que llenamos el mundo con palabras huecas porque *la vida, la vida son las palabras*."

**Afortunado.-** "Dicen que esta noche hay una lluvia de estrellas, una feria en el cielo. *(Irónico.)* ¿Será por ti? ¿Serán tus hados?"

**Magnífico.-** "Así es, mi oyente. Aquello que dices con doble sentido no tiene doble sino uno; y yo, ya lo sabía… Aunque no soy amigo de que se celebre mi persona, tumbémonos a ver, que lo que proviene del cielo hay que festejarlo y atenderlo."

**Afortunado.-** "Mire usted que es cosa fortuita. Que esto que nos disponemos a contemplar no va por usted si no que la casualidad lo dispone por sí sola."

**Magnífico.-** "Dicen que las casualidades no existen."

**Afortunado.-** "Hay momentos en que sí."

**Magnífico.-** "Será la providencia entonces."

**Afortunado.-** "Providencia, providencia… ¡Fantasías de la mente!"

**Magnífico.-** "Mal dices, Afortunado. Que si la noche está encantada y se celebra una fiesta en el cielo y en la tierra es por mí persona, porque me voy a morir. El cielo para la tierra dispone, y para la tierra somos nosotros la sal: Hombres en tierra."

**Afortunado.-** "Mire, mi señor, que no van a nombrarle ni a decirle nada."

**Magnífico.-** "Dame un bastón y trae mi manta. Quiero celebrarme dignamente. Yo sé que esto es para mí… Me basta saberlo, tú de testigo."

**Afortunado.-** "¿Qué dices…?" *(Escribiendo en su cuaderno.)*

**Magnífico.-** "Que estoy encantado y que lo que vivo ya no es mío sino tuyo, que lo escribes y narras… Que lo que está escrito en libros está fuera de la común naturaleza. Falso es y liviano, ¡inventores de sectas nuevas!"

*(Pasa una heladera vendiendo helados.)*

**Heladera.-** "¡Al rico helado, al rico helado!"

**Magnífico.-** *(Gritando.)* "¡Señorita, señorita, venga para acá!"

**Heladera.-** "Dígame usted." *(Deberá ser hermosa, natural, joven: Verdadera belleza consumada.)*

**Magnífico.-** "Qué guapa eres."

**Heladera.-** "No es lo que vendo, caballero. *(Mimosa, preciosa, espléndida.)* Sólo vendo helados. Y además, no tanto, no tanto…"

**Magnífico.-** "¿Cuánto es un helado?"

**Heladera.-** "Tres chavos y por otro helado que me compres te doy un beso."

**Magnífico.-** "¡Olalá! Mi reina, ven aquí, abrázame; dame el calor de tu ternura."

**Afortunado.-** "Bueno, bueno… No cambiarás nunca."

**Magnífico.-** "¿Quieres pasear esta tarde?"

**Heladera.-** "¡Vale…! ¿A qué hora?"

**Afortunado.-** *(Celoso.)* "Bueno, nos vamos o qué."

**Magnífico.-** "Vete tú, que de aquí no me muevo. Nos veremos luego."

**Afortunado.-** *(Cae para atrás, de bruces.)* "Yo os aseguro que sólo el hombre que tienta el ridículo acaricia lo imposible."

**Magnífico.-** "¡Pero, qué haces!"

**Afortunado.-** "Ya me voy… No molestaré... Está bien, está bien…"

**Heladera.-** "Y este amigo tuyo, ¿por qué hace tantas tonterías?"

**Magnífico.-** "¡No te enojes, por favor, ahora que casi lo he conseguido, ¡no!"

**Afortunado.-** "No me enojo, de verdad. Digo que me voy a otra parte."

*(El escudero cae, vuelve a levantarse. Se tambalea, gesticula. Se arrodilla, llora junto al mar.)*

**Afortunado.-** "Qué solo estoy y él, qué acompañado ahora. Se volvió del revés la historia." *(Atraído por su soledad.)*

*(Quedan solos la heladera y Magnífico. Se abrazan.)*

# ESCENA TERCERA

*Playa de arena. Magnífico y el mar. Luz de mediodía, entre anaranjada y azul: Destello, susurro de olas. Rayo verde que bien puede recordar el último rayo del sol, o un verso de Rimbaud.*

**Magnífico.-** *(Arrodillado y trágico.)* "¿Para quién he representado? ¿Para quién me he esforzado? ¿A quién brindé mi vigor? ¿Quién recuerda ya mis actos? ¿Dónde se fue aquel lenguaje que nos convenía?... ¿Impermanencia? ¿Incertidumbre? Tú, camino, ¿qué quieres? ¿Por qué me traes hasta aquí?

*(Pausa.)*

"Pregunto: ¿Ha de morir conmigo el mundo mago; o estamos repletos, con todos y en todos a un tiempo?"

*(Avanzando hacia el público, que es avanzar hacia el mar.)*
"Me he conformado con la actitud, el diálogo, la brisa de los días cálidos… Pero se han ido yendo esas horas mágicas. La energía toda desprendida. La fuerza física casi agotada. Afortunado tiene razón: Soy caballero de un tiempo contemporáneo que no ha venido nunca… Mi gesto, mis ademanes, mi pundonor me han sobrepasado… Me ha hecho todo demasiado furtivo como para saber adaptarme, como para saber ser aceptado."

*(Pausa.)*

"Pero qué ilustre es esta última soledad… Le hemos echado un pulso a la vida. Y menos mal que pudimos representar, decir, movernos aún para vosotros, espectadores de otra realidad.

*(Pausa.)*

"¿Religión? ¿Ciencia ¿Vigor? Han sido palabra, libertad y creación hojas verdes, doradas por un sol, las que resplandecían y temblaban a lo largo de todos sus días: Desde la mañana hasta el anochecer empedernido... Se ha apoyado este cuerpo compensado en los muros, los portales, las fachadas, las barandas... Y ha respirado hondamente el viento. He dicho: Ya somos tiempo y viento de tramontana. Con el final, este final del acto, vendrá otra vez la primavera a las praderas verdes de La Dordoña; a las terrazas donde se charla; a los balcones semi abiertos; a esas avenidas anchas iluminadas por escaparates mundanos... Con un final, mejor, con esto que ahora os digo: Este conocimiento de la vida tendrá un sentido y hará florecer otras nuevas vidas, más exquisitas. Altas como pájaros que de tanto subir lo ven todo, suyo arriba. Porque el arriba existe - como existe el abajo, y aquella línea extensa del horizonte que se traza en el infinito del mar dormido...- ¿No veis su último rayo verde? ¡Qué bella luz de atardecer! Ancha, radiante, ritmo lento... Qué bello cielo... Feliz y cercano."

*(Pausa.)*

"¿Conocemos por amor; también por ignorancia, por sorpresa; también por cobardía...? Cada uno es, ¡tantas cosas! Pero escondidos, escondidos siempre. Ah, sutileza, estremecimiento, delicadeza... ¡Poesía de la vida!"

*(Pausa.)*

*(Aparece la viejecita por un lado de la escena, embozada en su mantón azul y negro. Hace señas a Magnífico.)*

"He paseado mi orgullo, una moral y una educación antigua que justificaba, que me representaba pero en la que no creía; sin dogmas, sin filosofías... ¡Gran arte este el de la imagen! ¿Porvenir, quizás? ¡Oh, sí, porvenir en la espuma del agua, en el helecho verde, en la luz de ese arrecife... Escuché también antes de conocer. Aprendí. Fui cauto como el perro-lobo, guardián de su corte... Y qué más da si un buen día nos marchamos con el atardecer, así tan simplemente... Como este de hoy que vendrá luego con su luna aplatanada y sus estrellas palpitantes, arriba. Y, qué alegre otra vez el amanecer del nuevo día..."

*(Una luz cegadora, omnipotente y blanca impacta en su frente.)*

*(Gime y cae hacia atrás: Tragedia consumada.)*

*(Sale Afortunado paseando con la heladera. Van juntos de la mano por la playa, entre risas y milagros.)*

*(Música de Brahms...)* FIN

Este libro se terminó de imprimir
en Almería durante el mes de julio de 2014